Par Demandolx, d'après
Barbier.

DISCOURS

SUR

LES MOYENS

LES plus conformes à la Religion, à l'humanité & à la politique, de faire cesser la Mendicité dans la Province de Normandie.

OUVRAGE couronné par l'Académie de la Conception de Rouen, en l'année 1779.

―――――――――――――――――

*Par M. D***, Lieutenant Général de la Sénéchaussée de Marseille, de l'Académie des Belles-Lettres, Sciences & Arts de la même Ville.*

―――――――――――――――――

A AVIGNON,

Et se trouve à Paris,

Chez D'HOURY, Imprimeur-Libraire de Mgr le Duc D'ORLÉANS & de Mgr le Duc de CHARTRES, *rue de la Vieille Bouclerie.*

―――――――――――――――――

M. DCC. LXXX.

DISCOURS

COURONNÉ
PAR L'ACADÉMIE
DE LA CONCEPTION
A ROUEN.

Quels sont les moyens les plus conformes à la Religion, à l'Humanité & à la Politique, de faire cesser la Mendicité dans la Province de Normandie.

Ne sit inops, aut mendicus inter vos.
Deuteron. chap. 15.

LA saine Philosophie nous représente la Société civile comme une réunion d'hommes liés par le besoin, & engagés à s'aider & se secourir mutuellement. L'abandon volontaire d'une

A

partie des droits qu'ils tenoient de la nature
en faveur du corps politique , établit sa force
& contribue à sa puiſſance. Elle eſt employée à
protéger le citoyen , à lui conſerver la portion
de propriété qu'il s'eſt réſervée , & qu'il a miſe
ſous ſa ſauve-garde. C'eſt cette puiſſance que
le riche invoque , lorſque ſon patrimoine eſt
menacé d'uſurpation ou d'attentat. Pourquoi le
pauvre ne peut-il de même recourir à l'autorité
publique , pour lui demander les ſecours qui
manquent à ſa miſere , pour en obténir les reſſources indiſpenſables pour la conſervation de
ſes jours ſi ſouvent abrégés par l'oppreſſion des
riches ? Pourquoi les loix civiles n'ont elles pas
pourvu au remede des maux que devoit entraî-
ner l'inégalité des conditions qu'elles ont laiſſé
s'introduire & s'établir dans les gouvernemens
les plus ſages ? C'eſt qu'il eſt une loi plus ancienne & plus ſacrée qu'aucune de celles auxquelles les peuples ont ſouſcrit , loi gravée dans
le cœur de tous les hommes , & ſur laquelle
les légiſlateurs ont dû ſe repoſer , je veux dire,
ce ſentiment de commiſeration naturelle (1)

---

(1) Il y a des Philoſophes qui ſe ſont étudiés à prouver, que ce ſentiment n'étoit qu'une modification de l'a-
mour de ſoi-même.C'étoit l'opinion d'Epicure queHobbes
a outrée. Mais ces deux ſentimens ſont diſtincts, & ne
doivent pas être confondus. Adiſſon les compare très-

qu'excite en nous la vue de l'infortune & de la souffrance, qui nous porte à les adoucir & à les soulager , & qui fait le véritable tréfor des pauvres.

Ce tréfor feroit inépuifable , & eût peut-être fuffi à ramener cette heureufe égalité , chef-d'œuvre inouï des inftitutions politiques , fi la corruption des mœurs , en dégradant les ames, n'eût en même tems endurci les cœurs ; fi l'ufage habituel des fuperfluités du luxe , devenues pour le riche des befoins effectifs , n'eût tari dans fes mains les fources de la bienfaifance , & ne l'eût à la fin rendu fourd aux interceffions & aux larmes des malheureux.

Ceux-ci que des befoins bien plus réels vexent & oppriment , indignés de l'abus barbare que l'opulence fait à leurs yeux , des moyens qu'elle devroit employer à foulager leur mifere , fe font fouvent révoltés contre cette inhumanité dont ils font les triftes victimes. Ils n'étoient qu'indigens , leurs murmures les ont fait juger coupables. Dénoncés à l'ordre public , ils ont

---

ingénieufement au mouvement diurne & annuel de la terre. Le premier auteur de fon centre peut être comparé à l'amour propre , le fecond autour du centre commun répond à la bienveillance univerfelle. Spect. Angl. tom. VI , dift. 22.

A ij

fait appréhender les suites d'un mécontente-
ment trop légitime , & les loix ont sagement
pourvu à ce que le désespoir de leur misere, en
devenant séditieux , ne troublât la funeste sécurité des favoris de la fortune intimement liée
au repos des états.

La police en effet, en se perfectionnant, a du
moins arrêté le cours des brigandages , par les-
quels dans des tems barbares le peuple indigent
se vengeoit de la cruelle insensibilité des riches ,
les ressorts des gouvernemens ont acquis de la
force en perdant de leur froideur : leur heureuse
flexibilité a favorisé la circulation plus libre &
plus universelle des richesses, que l'avarice &
la crainte retenoient captives dans les mains
de l'homme puissant ou des gens aisés , & auxquelles les misérables n'avoient pu long-tems
participer que par des rapines.

Les préceptes divins d'une religion fondée sur
la charité & l'amour du prochain mieux dévelop-
pés & mieux sentis, ont favorisé cette révolution
autant que les progrès de la politique & de la rai-
son. C'est par leur accord du moins que les pauvres occupés & soulagés , ont obtenu du riche
des salaires déterminés & certains en échange de
leur travail , qu'ils ont trouvé même dans la
variété de ses goûts & de ses jouissances l'assu-
rance d'un travail proportionné à leurs besoins,
tandis que la piété & la charité chrétienne ont

offert & procuré des secours gratuits à l'humanité affligée & souffrante , hors d'état de participer à ce laborieux échange.

Ainsi d'une part, la terre mieux cultivée,
l'emploi & le trafic de ses productions mieux
dirigés, ont fourni abondamment à la subsistance
d'une population devenue même plus nombreu-
se, & d'un autre côté le zele religieux & patriotique a donné naissance à des établissemens de tout
genre , où l'indigent infirme & caduc , l'orphelin sans bien & sans tuteur , trouvent des asiles
commodes & paisibles , où leurs maux sont soulagés , leur vieillesse respectée & secourue, leurs
talens cultivés & employés , & où l'enfant sans
parens , le-fils de la patrie , apprend à devenir
citoyen vertueux & utile.

La prévoyance officieuse de la charité publique ne s'est pas même bornée à ces pieuses fon-
dations. Elle prodigue encore des secours ca-
chés & non moins abondans au pauvre qui
rougit de l'être, à qui une naissance ou un état
au-dessus du commun , interdisent un travail
abject ou trop pénible. Des administrations non
moins utiles que les hôpitaux inspectent, pré-
viennent & soulagent ses besoins. Il jouit des
secours qu'on lui distribue dans le sein même
de sa famille. Il les partage avec elle, il n'est
pas privé de ses soins & de ses consolations.

& à peine a-t-il pour confident de sa détresse l'administrateur discret, chargé du soin de l'adoucir & de la soulager.

Nous serions peut-être tentés de nous enorgueillir de tant d'avantages offerts & assurés à l'indigence ; mais la vue de ce nombre infini de pauvres, qui mendient dans les villes & dans les campagnes, qui errent dans les grands chemins, ou qui se traînent dans nos rues, qui assiegent nos portes, qui importunent les passans, qui étalent sur les places publiques le spectacle hideux & attendrissant de leurs maux & de leurs difformités, qui gênent l'entrée de nos temples, & qui y provoquent avec indécence les secours de la charité chrétienne, est bien capable de confondre notre présomptueuse sécurité.

Le Gouvernement a tenté plus d'une fois de remédier aux désordres qu'entraîne la mendicité. Mais sans oser discuter en ce moment, l'oportunité & l'efficacité des moyens employés pour la proscrire, l'expérience du passé, l'expérience actuelle, déposent de leur insuffisance. Il en est des réglemens faits pour cet objet, comme des loix somptuaires rendues dans d'autres tems, pour une classe d'hommes bien différente : & l'inexécution de celles-ci comme des autres, semble avoir démontré qu'il est aussi difficile de réprimer l'abus de la pauvreté, que de prévenir celui des richesses.

La rigueur des peines prononcées contre les mendians par nos ordonnances, a principalement été dirigée contre ceux qui ne doivent imputer qu'à l'oisiveté & à tous les vices qu'elle entraîne, l'indigence dans laquelle ils languissent. Cette espece de mendians volontaires, indigne de faveur, ne peut échapper au juste châtiment qui la poursuit, qu'en rentrant dans la classe des citoyens utiles que l'état protege, parce qu'ils travaillent à sa prospérité. Mais on n'a jamais pu confondre cette classe dangereuse & criminelle avec celle des mendians infirmes ou mutilés, qui sont nés tels, ou qui le sont devenus quelquefois par l'excès même de leurs travaux. Les loix les plus séveres ont toujours distingué ces infortunés dignes d'égards, des mendians sains & vagabonds. Le Législateur compatissant d'une nation douce & sensible, en dévouant les uns aux chaînes & à l'infamie, n'a cessé de faire espérer des soulagemens pour les autres. Il a desiré que les hôpitaux généraux des villes fussent ouverts à ceux-ci : ils y ont été admis en effet ; mais les ressources bornées de ces établissemens n'ont pas permis d'attendre, que ces secours promis par le Gouvernement pussent s'effectuer. Dès-lors la mendicité est redevenue nécessaire aux pauvres infirmes, expulsés de ces asiles. La police, en les tolérant, s'est aussi re-

lâchée peu-à-peu de fa févérité contre le mendiant valide , qui eft revenu partager & ufurper
les fecours que l'invalide avoit feul le droit de
réclamer ; elle s'eft bornée à réprimer les excès
& les abus qui peuvent réfulter de cette tolérance.

On ne fauroit fe diffimuler les fuites dangereufes qu'elle peut avoir pour la fûreté publique & pour les mœurs (2). C'eft pour les
prévenir , c'eft pour pouvoir extirper la racine
même du mal , que dans la capitale de la Normandie une fociété favante invite à propofer
les moyens les plus conformes à la religion ,
à l'humanité & à la politique , pour faire ceffer
la mendicité dans cette province , une des plus
floriffantes du Royaume.

La Normandie , qui dans des tems qu'on ap-
pelera peut-être ceux de fa gloire , a donné des

____

(2) L'on peut voir dans *l'Iftoria Corbica Civile di
Vincenzio Martinelli* , dont l'extrait fut inféré dans le
Journal Etranger du mois de Septembre 1755. Les dé-
ails les plus effrayans fur l'excès de licence des mendians à Naples , où l'on en compte plus de vingt mille ;
les femmes de cet ordre excitent fur-tout la compaffion.
Leur genre de vie les expofe à commettre toute forte
de crimes. Leur ignorance les y livre fans fcrupule ,
fans remords , elles n'ont pas même l'idée des premiers
principes de religion.

Souverains à divers Etats puissans, doit plus certainement encore son véritable lustre à la sagesse de ses loix & de ses coutumes, qui la fit nommer par nos peres *le pays de sapience ;* & au grand nombre d'Ecrivains célebres qu'elle a produits, qui lui ont acquis le nom de *Mere & Nourrice des Savans.* On jugera qu'elle n'a pas cessé d'être digne de ces titres glorieux, en voyant l'heureuse conspiration que la philoso-phie & les lettres ont formée dans son sein pour la proscription d'un des abus les plus préjudi-ciables à l'ordre public.

« La ville de Bayeux (3) donna il y a vingt
» ans le premier exemple, peut - être, d'une
» association de citoyens qui s'étoient cotisés
» librement pour en bannir entierement la
» mendicité, & qui y avoient réussi en four-
» nissant du travail aux mendians valides, &
» des aumônes à ceux qui ne l'étoient pas ».
Les sages qui, animés du même esprit, pro-posent aujourd'hui d'étendre dans le reste de la province les effets de cette salutaire institution, doivent participer à la gloire de ceux qui en conçurent la premiere idée, & sont également dignes des éloges & de la reconnoissance de la patrie.

---

(3) Voyez le Diction. Encyclop. au mot *Fondation.*

Pour nous, qui venons nous difputer la gloire de fixer & réunir leurs fuffrages, félicitons-nous de pouvoir, à l'appui des diverfes vues que nous préfenterons, nous autorifer d'un exemple bien digne d'être propofé à l'émulation des autres villes, pour prouver que le bien en tout genre eft poffible, lorfqu'il eft infpiré par un patriotifme généreux, & fecondé par un efprit de bienveillance & de concorde.

La fertilité renommée de la plus grande partie des terres de la Normandie, la diverfité de leurs cultures & la multiplicité de leurs productions, l'ingratitude même du fol de quelques cantons, qui en occupant plus de bras, y entretient l'amour du travail, garant de la félicité du peuple (4), le nombre prodigieux d'atteliers & de fabriques dont cette province

______

(4) C'eft un bonheur ineftimable pour la plus grande partie de l'Europe, d'avoir des terres qu'il faut fans ceffe cultiver ; cela entretient, pourvu que le Gouvernement ne foit pas exceffivement mauvais, l'amour du travail, & non de l'oifiveté, l'amour de l'ordre, & non celui du brigandage : Il n'y a qu'à jeter les yeux fur les plus belles provinces de l'Efpagne & du Royaume de Naples, on y voit une mifere que les payfans Anglois n'ont jamais connue, parce qu'on y a perdu l'efprit du travail. On y compte plus de Moines que de Laboureurs. Rech. phil. fur les Américains, t. 3, p. 209.

abonde , l'étendue & l'activité de fon commerce, la quantité de reffources que tous ces
divers objets affurent au laboureur, à l'ouvrier,
à l'artifan, à l'homme de peine, de toute com-
plexion & de tout âge , fembleroient devoir
fuffire pour éloigner de cette province le fpectacle affligeant de l'importune mendicité.

La navigation favorifée par un grand nombre
de ports, dans une étendue de côtes de plus de
quatre - vingt lieues , & par le voifinage des
Etats les plus commerçans ; la communication
la plus facile avec la Capitale, & plufieurs riches provinces du Royaume ouverte fur les
rivieres qui la traverfent, offrent des fecours
fans nombre à la claffe inférieure des citoyens,
que la culture, les atteliers ou le trafic peuvent
laiffer oififs.

Mais ces divers avantages naturels ou acquis,
fi propres en apparence à affurer la profpérité
de cette province & l'aifance de fes habitans,
concourent cependant eux-mêmes, avec d'autres caufes générales , à y former, à y attirer
& entretenir la multiplicité de mendians dont
elle eft infectée.

Si la navigation & les manufactures , fi la
circulation des objets de trafic produits par l'induftrie, viennent à éprouver la moindre fufpenfion, le contre-coup de ces accidens mal-

heureufement trop ordinaires, frappe d'abord fur une efpece d'hommes dont la profeffion devenant oifive, celle de mendier eft la plus facile, & la feule peut être qui leur refte pour fournir à leurs befoins, leur fituation intéreffante attire & fixe la compaffion publique, elle paroît même digne de la commifération des loix & de leurs miniftres. Ils s'accoutument impunément à une vie oifive & vagabonde, il eft rare qu'ils y renoncent, lorfque la calamité ceffe, pour revenir à une profeffion fédentaire & laborieufe. Ce danger eft principalement à craindre pour l'ouvrier des manufactures & pour le matelot.

D'autre part, l'accès & la fortie faciles par mer doivent rendre la Normandie l'afile ordinaire, & fouvent le dernier réfuge des gens oififs, vagabonds & pervers, que Paris, les Provinces & les Etats voifins profcrivent. C'eft ainfi que la févérité de la police dans les pays qui l'environnent, repouffe vers elle cet effaim pernicieux d'hommes fans état, qui n'ont d'autre induftrie que celle de mendier, fi toutefois le crime ne leur offre pour fubfifter des moyens plus prompts, des reffources plus féduifantes, mais auffi plus dangereufes pour eux & pour le citoyen.

Plan de cet Ouvrage.

C'eſt donc la vigilance & l'exactitude de ſa propre police, que la Normandie doit oppoſer à cette affluence, à ce débordement funeſte. Une adminiſtration active & éclairée ſongera d'abord à en arrêter l'accroiſſement, en empêchant l'admiſſion de nouveaux mendians ; elle prendra enſuite des meſures intérieures pour occuper utilement les divers genres d'induſtrie, qui diſtinguent les claſſes du peuple pour lui procurer une aiſance qui ſoit le prix du travail (5), elle pourvoira en même tems à lui ménager des ſecours, lorſque les ſources qui fourniſſent à ſes beſoins ſeront, ou interceptées, ou moins fécondes.

Ce n'eſt pas encore aſſez pour ſatisfaire à ce que la religion, l'humanité & la politique exigent de ſes ſoins, ils doivent encore aſſurer des reſſources au pauvre, originaire ou non de

---

(5) Je ne ſçais, dit Monteſquieu, ſi c'eſt l'eſprit ou le cœur qui me dicte cet article ; mais il n'y a peut-être pas de climat ſur la terre, où l'on ne pût engager au travail des hommes libres, parce que les loix étoient mauvaiſes, on a trouvé des hommes pareſſeux, parce que ces hommes étoient pareſſeux, on les a mis dans l'eſclavage. Eſprit des Loix, Liv. XV, chap. 8.

la province ; qui y ayant exercé une profession honnête, a été forcé par l'âge, ou par des infirmités, à l'abandonner, & qui est demeuré sans secours. Le pauvre étranger, quoiqu'infirme, mais qui n'a pu être utile à la province, n'a pas le droit de lui en demander ou d'en attendre. Mais il seroit barbare de le proscrire, sans lui faciliter les moyens de retourner dans sa patrie, qui est son asile naturel.

Ce ne sera qu'après avoir satisfait à tous ces devoirs, que l'on pourra justifier la rigoureuse exécution des loix contre les mendians valides, qui, originaires ou étrangers de la province, doivent être également enveloppés dans la proscription qu'elles prononcent. S'il est cependant des moyens praticables d'employer ces malheureux à des travaux, à des entreprises avantageuses pour la province, son propre intérêt la sollicite de les retenir, & de préférer pour eux à une captivité qui la priveroit de leur secours, celle qui pourra faire servir leur punition à des objets d'utilité propre, & l'exemple même du châtiment à arrêter & intimider ceux qui pourroient être tentés de les imiter.

Tel est le précis & l'ensemble des engagemens que contracte tout peuple, tout pays qui, animé du désir de réprimer un abus nuisible & invétéré, veut cependant ne pas violer les égards dûs à l'infortune, qui en eft ou le principe ou l'effet. Confidérons féparément & par ordre ces diverfes folutions de la queftion propofée, & puiffions-nous, en parcourant ce vafte champ, nous montrer pénétrés du zèle de l'enthoufiafme patriotique, qui anime les fages, qui nous invitent à y entrer !

PREMIER MOYEN.

Prévenir & empêcher l'admiffion de nouveaux Mendians.

Les Loix du Royaume les plus anciennes, conformes à la difcipline & aux préceptes religieux (6), ordonnent à chaque cité de nourrir fes pauvres, & défendent à ceux-ci d'en fortir

---

(6) *Mendici per regiones vagari non permittuntur : fuos pauperes qualibet civitas alito ; illis, nifi manibus operentur, nullus quidquam dato. Lex Franc. apud Beat. Rhenanum 2. rerum Germanor. & cap. 118. leg. Francicorum.*

Conft. Carol. Magni. In capit. quæ ad 9.

Synodi Turonenfis fecunda can. 5 decretum eft.

Ut unaquæque civitas pauperes & egenos incolas alimentis congruentibus pafcat fecundùm vires. Ut tam vicini prefbyteri quàm cives omnes fuum pauperem pafcant. Quò fiet ut et ipfi pauperes per civitates alienas non fatigentur.

pour mendier. Chaque ville, chaque province
peut non-feulement invoquer les difpofitions
de ces loix, elles doivent même toutes concourir avec l'autorité dont elles émanent, à en
affurer l'exécution.

Elle eft principalement confiée aux maréchauffées ; mais les fergens-gardes dans les forêts du Roi, les gardes des plaines pour fes
chaffes, les commis, gardes, ou employés de
fes fermes, pourroient tous, ou par le titre
exprès de leur commiffion, ou par les ordonnances relatives à leurs fonctions, être chargés
de feconder chacun dans leur partie le zele &
les recherches des maréchauffées. On pourroit
les inviter, exciter & encourager à s'oppofer
par leurs efforts réunis, à l'introduction nouvelle d'aucun mendiant dans la province. Elle
doit en même tems employer pour les repouffer
de fes frontieres & de fes villes, tous les moyens
qui font à la difpofition des officiers municipaux. Ainfi, les gardes des portes des villes municipales, les gardes ou employés pour la levée
de leurs droits, octrois ou péages, les fuppôts
de police dans les villes & lieux, les prépofés
à celle des ports & des bacs fur les rivieres, les
gardes des hôpitaux généraux, tous les agens,
toutes les cohortes, doivent être par leurs fu-
périeurs locaux & directs, fpécialement chargés

de

de dénoncer, d'arrêter & traduire au-delà des limites de la province, tout mendiant qui aura tenté de les franchir. Le zele de ces préposés & surveillans doit être récompensé, & leur négligence févérement punie.

Il eſt difficile que les Mendians forains puiſſent échapper à toutes ces recherches. Mais s'ils pouvoient s'y dérober, on peut eſpérer encore quelques ſuccès des défenſes prononcées par les anciennes ordonnances envers toutes perſonnes, " notamment tous taverniers & » cabaretiers de loger & héberger en leurs » maiſons gens ſans aveu plus d'une nuit, & » qui leur enjoignent de le venir révéler à » juſtice (7) ». On peut renouveler ces défenſes, en faire un devoir eſſentiel pour tout citoyen, & foumettre fur-tout les aubergiſtes & cabaretiers fur les routes & dans les villes, à dénoncer tout mendiant valide ou invalide, dont le domicile actuel dans la province ne fera pas avoué & conſtaté, & qui paroîtra venir des villes & lieux non compris dans ſon diſtrict.

____

(7) Ordonnance de François Iᵉʳ, à Châtillon-fur-Loing, Mai 1539.

Ordonnance d'Orléans, art. 101.

Ordonnance de Blois, art. 360.

II. M O Y E N.

Annoncer à l'avenir les mesures à prendre pour l'expulsion des Mendians.

Toutes ces précautions se fortifiant mutuellement, elles seront l'objet *d'un Réglement provisionnel*, par lequel il sera juste & utile d'annoncer d'avance des mesures ultérieures pour l'expulsion & l'emploi des mendians actuellement répandus dans la province, & de renouveler les sages dispositions des loix qui leur enjoignent « de se retirer (dans un délai qui » sera fixé) chacun dans le lieu de leur origine, » ou de prendre un état, emploi, métier ou » profession, qui puisse leur procurer les moyens » de subsister sans demander l'aumône (8) ».

La tolérance dont on a usé jusqu'à ce moment à leur égard, exige ce préalable d'humanité ; tous ceux qui en seront l'objet auront ainsi le tems de prévenir leur proscription, ou ne pourront en murmurer.

Il est superflu sans doute de demander de

---

(8) Déclaration du Roi, 27 Aout 1701.

Autre du 18 Juillet 1724, art. 1.

Déclaration du Roi, du 28 Octobre 1750.

Ordonnance du Roi, du 17 Juillet 1777.

l'indulgence pour tous ces détails. Il n'en est aucun de minutieux ou d'indifférent dans une matière qui intéresse si essentiellement l'ordre public. Mais nous ne pouvons dissimuler que pour la suite & l'exécution de toute nouvelle police en ce genre, quels que soient le zèle & la vigilance des administrateurs auxquels elle sera confiée, le fruit en sera peut-être perdu, tant que les provinces voisines de la Normandie & les autres de proche en proche, ne prendront pas également des mesures pour parvenir au même but.

Toutefois une loi générale, comme celles qu'on a si souvent renouvelées, qui pour faire cesser par-tout la mendicité, soumettroit toutes les provinces à adopter & exécuter un plan de police uniforme, n'opérera jamais aussi infailliblement le bien que des réglemens partiels & locaux, que chaque pays, chaque province approprieroit à sa situation, à ses besoins, à ses ressources, & qu'elle modifieroit suivant les circonstances (9).

------

(9) Ordonnance de François Ier de 1536, pour la Bretagne, porte au chap. 3, article 3, qu'aux bonnes villes de Bretagne seront gardées les Ordonnances de Paris touchant l'aliment des pauvres, *d'autant* qu'à chacune ville lesdites Ordonnances se pourront adapter.

La province a droit d'espérer que ce sera un des premiers effets qu'elle recueillera de la générosité paternelle du jeune & vertueux Monarque qui nous gouverne, par l'établissement d'une administration provinciale, semblable à celle dont Sa Majesté vient d'autoriser un essai dans la province de Berri (10). Elle a daigné annoncer que les autres provinces en partageroient successivement les avantages, au nombre desquels il faut compter les moyens dont sa sage politique leur confie la direction, pour prévenir l'indigence & arrêter les désordres de la mendicité (11).

La Capitale est déjà redevable à sa bienfaisance « des atteliers de charité & des travaux » établis pour procurer aux pauvres valides leur » entretien & subsistance (12) ». Les provinces n'ont pas encore participé aux fruits de ces établissemens utiles. Invitées à les imiter, on les

---

(10) Préambule de l'Arrêt du Conseil, du 12 Juillet 1778. « Sa Majesté a dû penser que ce n'étoit peut-» être qu'à l'aide du zèle éclairé d'administrations par-» tielles, qu'elle pouvoit connoître ce qui convenoit à » chacune de ses Provinces ».

(11) Article Ier du même Arrêt du Conseil.

(12) Article I V de l'Ordonnance concernant les Mendians, du 27 Juillet 1777.

verra se multiplier par-tout. Outre ce nouveau genre de secours, les administrations provinciales trouveront encore des moyens indirects, mais non moins efficaces pour faire cesser la mendicité, si on les intéresse à faire fleurir chacune dans son district, l'agriculture, le commerce & les arts, qui assurent la richesse du peuple.

III MOYEN.

Favoriser l'Agriculture & l'Industrie.

C'est alors que la sage & fidelle Neustrie reprenant l'exercice des droits les plus flatteurs & les plus chers, s'occupera du soin de repartir plus également l'impôt, d'en faciliter, d'en adoucir la perception, & de fixer l'activité industrieuse de ses habitans. C'est ainsi qu'elle tarira les principales sources de la misere & du désespoir des laboureurs & de l'artisan, qui leur font déserter leurs champs ou leurs atteliers, pour se rédimer d'une surtaxe accablante, & se soustraire à la dureté de l'exaction, ou pour aller chercher ailleurs de quoi employer leurs talens, & les faire fructifier pour leurs besoins.

Forcés, hélas ! dès le premier pas qu'ils font hors du territoire qui les a vu naître, à tendre la main pour se secourir dans leur fuite, in-connus à ceux qu'ils importunent, & dès-lors n'étant plus retenus par la honte attachée à cette ressource humiliante, s'ils trouvent quelque part des aumônes abondantes, c'est là qu'ils fixent leur séjour, pour continuer une profession nouvelle plus lucrative & plus commode que celle qu'ils ont abandonnée. Leur femme, un pere âgé, de foibles & tendres enfans, accourront bientôt pour augmenter & partager des profits sur les-quels l'avidité du fisc n'a plus de prise, & qui deviendront pour cette famille désormais inu-tile & à charge à l'Etat, une sorte de patri-moine héréditaire.... Mais non.... arrêtez, troupe infortunée ; revenez sur vos pas à la voix d'un Roi Citoyen qui connoît vos maux, qui en est touché, & qui va nous faire un devoir sacré de concourir avec lui à les faire cesser. Il veut que, protégés par lui, encou-ragés par l'administration de votre province, secourus par vos concitoyens, vous n'ayez plus à redouter pour vos moissons que l'intempérie des saisons & la rigueur des élémens ; il veut même que vous trouviez dans les soins d'une prévoyance patriotique, de quoi être dédom-magés de leurs ravages.

Qu'à l'exemple de leur mere rassurée, ces jeunes enfans apprennent, à façonner, à filer le lin recueilli dans le champ paternel , ou la toifon des troupeaux confiés à leur garde , que dans les intervalles des travaux de la culture & des récoltes , des toiles , des étoffes groffieres ourdies de ce fil , foient fabriquées auprès du foyer domeftique , & fourniffent aux befoins d'une famille nombreufe & fans ceffe occupée , & que pour rendre plus général ce délicieux fpectacle , affez ordinaire dans les fertiles campagnes de la province , on procure aux habitans des cantons plus ingrats , des fecours pour avoir la matiere premiere de ces divers ouvrages , & de quoi élever les atteliers néceffaires pour les multiplier.

IV MOYEN.

Préparer des fecours pour les Ouvriers qui ne peuvent fe procurer du travail.

Que l'ouvrier & l'entrepreneur des grandes manufactures puiffent efpérer les mêmes encouragemens ; qu'affurés d'une protection femblable les ouvriers journaliers foient invités à fubir dans des tems paifibles & heureux de minimes retranchemens fur leurs falaires ; & à confentir qu'on les verfe dans des dépôts publics & facrés , qui ne s'ouvriront que dans les tems de calamité & de fufpenfion de travail.

afin de suppléer à leurs profits interrompus par des répartitions proportionnelles à ce que chacun aura fourni à la masse.

Ce moyen facile peut suffire pour conserver à la province des citoyens utiles & à ses manufactures des ouvriers précieux, dont la désertion ne causera plus la ruine de pareils établissemens.

Parmi ceux qui contribuent à la richesse & à la splendeur de la Normandie, & qui rendent toutes les provinces & nos colonies ses tributaires, le plus grand nombre est heureusement consacré à des objets d'utilité & de nécessité premiere, plutôt qu'à des objets de luxe & d'agrément. L'inclination naturelle & le discernement de ses habitans, ont déterminé cette préférence que le Gouvernement a sagement favorisé. Aussi la Normandie doit-elle moins appréhender les vicissitudes cruelles, dont il est pour ainsi dire impossible de prévenir l'effet dans les villes où les manufactures de luxe abondent.

Ainsi donc l'espece de secours qu'on vient d'indiquer, ou tout autre plus efficace qu'on pourra proposer pour entretenir & fixer l'industrie, ne fera jamais nécessaire pour les fabriques de toiles & d'étoffes grossieres, qui servent au vêtement ou aux chétifs ameublemens de la claſſe inférieure des citoyens. Le travail de ces fortes d'atteliers, le débit & l'exportation de leurs produits, ne ſont jamais ſuſpendus ni ralentis. Comme le beſoin qui les fait rechercher eſt ſans ceſſe renaiſſant, ils ſont l'objet perpétuel d'un commerce intérieur d'économie, dont les bénéfices ne peuvent varier ſenſiblement.

Il en eſt de même des ouvrages de tricotage dont la province abonde, & auxquels la charité publique, dans la capitale & dans pluſieurs autres villes de la Normandie, occupe les pauvres. On ne peut trop deſirer de voir encourager ce genre d'ouvrages, ainſi que la filature. L'un & l'autre n'exigeant que peu de talent & nul attirail diſpendieux, ſont à la portée de tous âges & de toutes les conditions, occupent principalement le ſexe, dont la licence eſt plus dangereuſe pour les mœurs, & procurent des profits qui, s'ils ſont modiques, ſont du moins égaux en tout tems.

Les verreries & les forges auxquelles la terre & d'immenſes forêts fourniſſent un aliment aſſuré, & la mer & les rivieres un débouché facile & ſûr, & une exportation peu coûteuſe, fixées dans la province par ces avantages locaux, ne préoccuperont pas beaucoup la ſollicitude de ſes adminiſtrateurs, ils réſerveront leur attention pour les fabriques qui font deftinées à fournir aux befoins de la navigation & à ceux de nos Colonies , & dont la confommation diminue, lorfque la guerre rend plus périlleufes & plus rares les expéditions maritimes. Ils pourvoiront fur tout à fecourir, dans les mêmes circonftances , cette multiplicité d'ouvriers de tout fexe & de tout âge , qui emploient des talens plus perfectionnés & plus rares à des ouvrages délicats , dont la main d'œuvre fait le principal prix. Tels font les draps & les toiles, dont la beauté & la fineffe ont acquis de la célébrité aux villes où on les fabrique ; les points de France , dont la manufacture établie à Alençon, fut un des monumens du zèle de Colbert pour la perfection des arts (13), & les velours de coton, ainfi que les étoffes de foie & coton brochées , dont la fabrication a fait de fi rapides progrès à Rouen & aux environs.

La plupart des ouvriers employés dans ces fortes de manufactures , gagnent des falaires

---

(13) M. de Cantillon , dans fon Effai fur la nature du Commerce , a calculé que la France payant en vins de Champagne les dentelles de Bruxelles , donneroit le produit de 16000 arpens de vignes , pour le produit d'un arpent enfemencé en lin.

aſſez avantageux pour ſubir ſans regret la réduction d'un vingtième, par exemple, ſur le
prix de leurs journées ou de leur travail. Cette
impoſition conſentie pourroit être facilement
perçue par deux ſyndics choiſis par les ouvriers
eux-mêmes, & parmi eux dans chaque pro-
feſſion. Les maîtres choiſiroient auſſi entr'eux
un tréſorier de cette impoſition, de la ſolva-
bilité duquel ils ſeroient ſolidairement garans.
Comme ils ſont principalement intéreſſés à la
conſervation des ouvriers, il ſeroit juſte de les
rendre reſponſables de la ſûreté de ce dépôt;
mais ce ne ſeroit que ſur les mandats & indi-
cations des ſyndics des-contribuables, que ce
tréſorier pourroit compter & fournir des ſecours aux ouvriers pauvres & non employés.
Ces ſecours ne pourroient chaque année excé-
der le tiers de ce que les ouvriers néceſſiteux
auroient verſé dans la caiſſe par leurs cotiſa-
tions précédemment payées, à moins d'un con-
ſentement délibéré par la généralité des contri-
buables, dans des cas & pour des beſoins
extraordinaires.

Mais pour que l'avantage d'une ſemblable
régie fût ſenſible & plus aſſuré, il ſeroit à dé-
ſirer qu'on reſtât d'abord un certain nombre
d'années ſans toucher à ce dépôt, ou du moins
qu'il n'y eût que l'indigence abſolue & la mieux

avérée qui pût y puiser les secours les plus indispensables , jusqu'à l'expiration du terme prescrit.

Si après ce terme il survenoit quelque calamité , quelqu'événement politique qui entraînât une réduction de travail , la caisse suffiroit aux besoins des ouvriers non employés , tandis que ceux qui pourroient l'être , y verseroient alors une contribution double.

On pourroit , avec le tems , espérer de cet établissement des secours moindres pour les veuves & les jeunes enfans que les ouvriers délaisseroient. L'on pourroit en employer les fonds à des atteliers de charité , ou à des amas de matiere premiere de la profession , qui procureroient des secours , en continuant d'exercer l'industrie de l'ouvrier , & qui bénéficieroient à la caisse.

Il n'est point de manufacture , du genre même de celles que nous avons ici en vue , dont le travail soit jamais absolument interrompu. La guerre même la plus désavantageuse n'occasionne que des diminutions plus ou moins sensibles , & laisse toujours de l'occupation à un certain nombre d'ouvriers. D'ailleurs , les politiques ont calculé que les intervalles de paix , durant lesquels les Princes & les peuples réparent leurs pertes , ou se préparent à de nouvelles, font au moins le double du nombre des années de la durée des guerres. C'eſt d'après ces ſuppoſitions aſſez conformes à l'expérience & aux rapports de l'hiſtoire, & en ayant égard aux mortalités des contribua-bles & des penſionnaires de la caiſſe, que l'on pourra apprécier la ſolidité & l'utilité ſuffiſante du plan que l'on propoſe, & auquel on pour-roit au beſoin donner plus de développement.

V M O Y E N.

Employer & exercer le Matelot non embarqué.

Si la guerre, en arrêtant la circulation des produits de l'induſtrie, borne & réduit le tra-vail des manufactures & les bénéfices des ou-vriers, elle eſt bien plus funeſte au commerce maritime & à la navigation. C'eſt alors qu'il ne reſte plus à l'indigent matelot de champ libre que celui de la gloire, pour courir ſous notre pavillon attaquer & combattre un ennemi trop long-tems accoutumé à nous braver. Si le tems de réprimer & de punir ſon audace eſt enfin arrivé, repoſons-nous moins encore ſur la prévoyance de l'état & la police des claſſes, que ſur le courage & le zèle patriotique de nos braves marins, qui les feront accourir à

l'envie, & voler par-tout où leurs services
pourront être utiles.

Eh ! quelle marine plus redoutable pour
l'ennemi du nom François, que celle que font
mouvoir les descendans de ces valeureux Nor-
mands, qui acquirent jadis par les armes sur
cette fiere république, un empire bien plus
réel que celui qu'elle a prétendu usurper sur
les mers, & qui lui donnerent des Rois.

Mais c'est en vain que ces nombreux défen-
seurs de la patrie, prétendent tous à l'honneur
de la venger, en opprimant sa rivale. Ce sera
sur ceux qui n'auront pu trouver place sur nos
escadres & sur nos corsaires durant la guerre,
ce sera sur ceux que le commerce ne peut employer dans ce tems, ou durant la paix ; ce
sera sur leurs malheureuses familles délaissées
sans appui, & souvent sans assistance, que l'administration provinciale fixera ses regards. Privés de l'exercice ou des profits d'une profession
utile & glorieuse, la vigilance de cette administration ne laissera pas les uns exposés à perdre dans une périlleuse inaction la générosité
qui les animent, ni les autres à recourir à des
expédiens humilians ou criminels, pour se procurer des secours.

Il reste à ces infortunés une ressource pré-
cieuse, & c'est la nature qui la leur offre sans

fortir de leur état. La pêche fur une vafte étendue de côtes des plus poiffonneufes , & aux embouchures des rivieres où elle eft auffi très-abondante & très-fûre , aura le double avantage de fournir à leurs befoins , en formant & entretenant leur activité : la pêche eft la véritable pepiniere de notre marine. Qu'une police exacte & fuivie maintienne & augmente , s'il eft poffible , cette fource féconde de fubfiftance pour le peuple, de défenfe pour l'état, & de profits pour l'homme de mer. Qu'on l'empêche de confpirer lui même par des fraudes & des pratiques profcrites par les loix , à détruire d'avance les avantages qu'il a droit d'en efpérer. Car nous ne faurions diffimuler , que fi la pêche fur nos côtes (14) peut n'être plus auffi

---

(14) On peut confulter fur cette partie de la police maritime , l'excellent Mémoire couronné par l'Académie de Marfeille , fur le fujet qu'elle avoit propofé en 1758. *Quelles font les caufes de la diminution de la pêche fur les côtes de Provence , & quels font les moyens de la rendre plus abondante ?* L'Auteur eft le R. P. Mene , Religieux Dominicain , aujourd'hui membre de cette Académie. La ville de Dieppe ayant defiré connoître quelle avoit été la folution de cette queftion intéreffante , l'Académie de Marfeille s'empreffa d'adreffer à fes Officiers municipaux le Mémoire qu'on vient d'indiquer.

fructueuſe, c'eſt ſur-tout à l'avidité du pêcheur qu'il faudra en attribuer la cauſe. Des ordondonnances malheureuſement trop peu ſuivies, ſemblent par leurs ſages diſpoſitions avoir prévu tous les genres de fraude ; mais elle n'échappe que trop ſouvent à la ſurveillance des officiers chargés de leur exécution. La perpétuité de l'abus l'autoriſe & le fait prévaloir à la loi. Que l'imprudent pêcheur apprenne enfin, que s'il continue à détruire l'eſpérance de la population des mers, c'eſt ſon propre patrimoine qu'il ravage, c'eſt l'héritage de ſes enfans qu'il ruine & dévaſte, que les ſources de la pêche ainſi perdues, il ne lui reſtera & à ſa famille qu'un champ ingrat & ſtérile, duquel ils ne pourront eſpérer aucun dédommagement des bénéfices de la navigation & de la grande pêche dont ils ſont privés, lorſque la guerre, ou d'autres circonſtances, les rendent périlleuſes ou impraticables.

S'il étoit poſſible qu'il y eût encore dans la province des gens de mer, qui ſoupiraſſent en vain après les ſecours que la navigation, le commerce ou la pêche devroient leur aſſurer, on pourroit trouver d'autres moyens d'exercer utilement la vigueur, l'activité & l'intelligence dont cette eſpece d'hommes eſt ordinairement douée. Exercés dans l'art des manœuvres, ac-

coutumés

coutumés à dompter les élémens, ils en deviennent plus propres à diriger l'emploi des grandes forces, & le jeu des machines que le génie a inventées pour faciliter les grands travaux (15). S'il en est que la province puisse entreprendre avec avantage, & que le secours de ces machines y soit jugé nécessaire, ce sera à des marins industrieux qu'elle confiera le soin de les faire mouvoir avec cette célérité, cet accord & cette justesse qui en augmentent l'effet. Nous pourrons dans la suite de ce Mémoire hasarder des vues qui exigeroient cet emploi utile de leurs talens.

Une République voisine, qui doit son existence & ses immenses richesses au commerce maritime & à la navigation, a cru sagement être intéressée à prévenir les désordres & le

____

(15) La question sur l'avantage & le danger de faciliter le travail par le secours des bêtes & des méchaniques, semble à peu près décidé.

Dans un pays libre & bien policé, toutes les machines sont bonnes.

Dans un pays d'esclavage, elles ne valent rien ; car il y faut ménager une ressource contre l'extrême pauvreté que le despotisme fait toujours renaître. Recherches sur les Egyptiens & les Chinois, tom. 1, pag. 187.

Esprit des Loix, liv. 15, ch. 8 ; liv. 23, ch. 15.

danger de l'oifiveté du matelot. Le Rafpel-Houft d'Amfterdam offre un afile avantageux & des fecours fuffifans à ceux qui ne font pas embarqués. La Compagnie des Indes qui fait les frais de cet établiffement, s'en indemnife en les faifant travailler à des toiles, des étoffes groffieres qui fervent à fon commerce & à leurs vêtemens. Ils peuvent s'y engager pour le tems qu'ils veulent, & font toujours libres de quitter pour fe rembarquer.

La prévoyance de notre Gouvernement s'eft dirigée vers un autre but. L'état s'eft chargé du foin d'affifter le matelot âgé & infirme, de même qu'il prend celui de fecourir le foldat invalide. Des établiffemens auffi glorieux pour la nation, que fimples dans leur régie, procurent à tous ces généreux défenfeurs de la patrie des moyens de fubfiftances, qui peuvent fuffire à leurs befoins & en foulagent les provinces. De très-modiques retenues fur leurs payes, fourniffent la plus grande partie des fonds deftinés à ce noble emploi. Que ne peut-on par de femblables moyens ménager, comme nous l'avons déjà fuggéré, les mêmes reffources aux autres profeffions, qui fans être auffi diftinguées, font néanmoins également utiles à la patrie.

VI Moyen.

Assurer un asile ou des secours aux Pauvres de la province, infirmes ou âgés.

Jusqu'à ce qu'on puisse en réaliser le projet, ceux de ses citoyens qui ont consacré leurs jours & épuisé leurs forces, non à la défendre, mais à l'enrichir, seront donc réduits à recourir aux hôpitaux, lorsque la fortune leur aura envié ou ravi les moyens de subsister dans un âge avancé, ou avec des infirmités incurables.

Que ces asiles ne soient pas du moins pour eux des lieux redoutables ; qu'ils y soient accueillis avec prévenance, & traités avec une douceur capable d'attirer & de fixer leur confiance ; qu'ils soient ouverts & assurés de préférence au laboureur, à l'ouvrier, à l'artisan pauvre, caduc ou infirme ; que sur des attestations légitimes de leur pauvreté & de leur état, ils soient reçus dans les hôpitaux des villes d'où ils sont natifs, ou de celle dans le district de laquelle ils auront exercé leur profession, jusqu'au moment où ils se sont trouvés forcés de l'abandonner ; que leurs veuves âgées ou infirmes, & les enfans qu'ils délaisseront, y ſoient pareillement admis , s'ils ſont hors d'état de ſe procurer leur ſubſiſtance.

Il eſt une autre eſpece de pauvre, à qui les maiſons de charité doivent être eſſentiellement deſtinées. Ce ſont ceux dont les difformités ou les monſtruoſités frappantes , peuvent opérer les plus ſiniſtres effets. Il eſt prudent , il eſt néceſſaire d'en écarter l'aſpect affligeant & dangereux. Il n'y a aucune ville dont les citoyens ne contribuent à l'envi, pour n'être pas expoſés à trouver ſans ceſſe ſous leurs pas ces triſtes victimes des caprices effrayans de la nature.

L'on a quelquefois mis en problême la néceſſité & l'utilité même des hôpitaux. Mais ſi l'on a pu conſidérer comme inutiles ou nuiſibles , ceux où l'on reçoit & où l'on ſoigne les pauvres dans leurs maladies accidentelles , doit-on regarder du même œil les retraites offertes par la piété & la charité chrétienne , aux pauvres affligés de maladies habituelles & incurables , ou devenus impotens par décrépitude ? Eſt-il quelque conſidération qui puiſſe affoiblir la reconnoiſſance dûe aux fondateurs des établiſſemens dont ils ſont le principal objet , de ceux ſur-tout où l'on éleve l'enfance de l'orphelin délaiſſé , & de ces infortunés qui nés ſans famille , ſans état , ſans nom & ſans biens , appartiennent plus particulierement à la patrie ?

Par quels moyens ces cenſeurs politiques ſuppléeroient-ils aux ſecours de tout genre, que ces diverſes claſſes de malheureux trouvent dans ces maiſons de charité, que toutes les nations policées entretiennent à ſi grands frais?

Elles emploient chacune des moyens différens, pour ſubvenir aux dépenſes que ces établiſſemens exigent. Dans la Suiſſe, chaque citoyen, en ſe mariant, contribue à leur entretien par une taxe proportionnée à la dot qu'il reçoit. Cette contribution acquiert à ſes enfans, en cas qu'il tombe dans la pauvreté, le droit d'être nourris & élevés aux dépens du public, ſelon la condition dans laquelle ils ſont nés (16). L'Angleterre ſe diſtingue par des libéralités & des collectes très-abondantes, auxquelles il ne manqueroit que d'être plus utilement & plus fidellement adminiſtrées. En France les moyens ont différé en divers tems & different encore par-tout. On dreſſoit autrefois des rôles de contribution pour l'entretien des pauvres, & des établiſſemens qu'on nommoit *aumônes* (17).

---

(16) Iſtoria critica di Vincenzio Martinelli, ch. 8.

(17) Tout citadin de Paris ſera ſoumis à payer ſa taxe pour l'entretenement des pauvres, à laquelle il aura été cotiſé ſuivant ſon offre ou autrement. Ordonnance de Henri II, Février 1551. Bibliothèque du

Ces taxes qui subsistent dans quelques villes, n'ont aucun rapport aux hôpitaux, pour lesquels elles sont moins nécessaires par les libéralités de leurs fondateurs & bienfaiteurs ; & elles ne sont ailleurs que volontaires.

La question de la meilleure forme d'administration des hôpitaux n'est qu'accessoire à celle que nous traitons. Celle des maisons de ce genre si nombreuses dans la Normandie, y est sous l'inspection des Prélats, des Officiers des lieux, & sous celle des Tribunaux Souverains ; elle est confiée à des Corps Ecclésiastiques, ou à des citoyens d'élite, tous animés du zèle le plus pur & le plus désintéressé. Quels plus sûrs garans de leur prospérité & de la perpétuité des secours que le pauvre y trouve (18) ?

Droit François, par Bouchel, au mot *Pauvres*, où l'on voit quelle étoit & est encore à peu près la forme de ces établissemens dans la Capitale.

(18) Un citoyen zélé, feu M. de Chamousset, qui s'est distingué par ses vues & ses projets patriotiques, a proposé pour les hôpitaux du Royaume le plan d'une administration générale & uniforme, & a indiqué pour fournir à leurs dépenses, divers moyens qui font partie de ce plan, & qui en dérivent. On ne peut donner trop d'éloges à son travail, dont l'objet final étoit de faire cesser la mendicité dans le Royaume. On peut consulter & lire avec fruit l'ouvrage, dont le public lui est redevable à ce sujet, qui a pour titre : *Vues d'un Citoyen.*

Leur richeſſe ne pourra qu'augmenter ſenſiblement, par l'effet de la ceſſation de la mendicité dans la province. Eſt-ce trop préſumer
que d'eſpérer de voir bientôt les citoyens s'em-
preſſer de leur prodiguer ce qui leur étoit ar-
raché par l'importunité des mendians de tout
genre , dont ils feront délivrés. Les quêtes
générales & particulieres recueilleront dix fois
plus que le total de ces diſtributions éparſes ,
auxquelles leur minimité fait aujourd'hui participer les pauvres qui en ſont le plus indignes.
La certitude du bon emploi rouvrira les ſources
de la charité, elle ſera plus généreuſe , parce
qu'elle ſera éclairée ſur la légitime deſtination
des ſecours qu'elle accordera.

Les revenus des hôpitaux généraux peuvent
encore être accrûs du produit du travail des pauvres qui y feront admis ; il eſt difficile que l'âge
le plus tendre ou le plus avancé , que leurs infirmités même ne leur laiſſent aſſez de force
& d'aptitude pour être employés à des travaux
ſimples , pour contribuer à des ouvrages groſ-
ſiers , dont le produit minime eût été inſuffi-
ſant pour les ſubſtanter hors de ces aſiles , &
ſera cependant un ſupplément avantageux pour
ces maiſons. Combien d'hôpitaux dans la Normandie , qui doivent aux bénéfices de ces ſortes
d'ouvrages adminiſtrés avec économie, l'aiſance

dont ils jouiſſent , & à laquelle les pauvres participent. On ne peut trop encourager cette branche importante de leurs revenus (19). Ce ſera à chaque ville à choiſir l'eſpece de travail qui pourra lui être plus fructueux ; elle pourra même y employer le vrai pauvre invalide , qui n'aura pu trouver place dans les hôpitaux , lui faire aſſurer par ceux-ci un prix avantageux de ſon travail , faire dépendre de ſon zèle & de ſes efforts la continuation de ces ſecours , & enfin l'aſſurance d'y être admis à ſon tour.

Dans les villes ou lieux qui manquent d'hôpitaux , il eſt rare qu'il n'y ait pas quelqu'œuvre pie qui y ſupplée en partie, le plus utile emploi qu'on puiſſe faire de ſes revenus , ſera de les deſtiner de même à des aumones ſupplétoires , au juſte prix du travail du pauvre , duquel on lui fournira la matiere premiere ; car il ne doit y avoir que l'impuiſſance abſolue & bien conſtante , qui puiſſe prétendre à des ſecours purement gratuits.

---

(19) Voyez la Déclaration du Roi du mois d'Août 1772 , pour les travaux & les manufactures de l'Hôpital Général de Paris.

VII MOYEN.

Soulager la Province de l'entretien du mendiant invalide étranger, en lui facilitant les·moyens de retour dans sa patrie.

Nous avons déjà annoncé avec regret, que le pauvre infirme, mais étranger, n'avoit pas droit de participer à la charité des villes dans lesquelles il n'est pas né, ou dans lesquelles il n'a pas acquis domicile par l'exercice habituel d'une profession·utile. Mais à Dieu ne plaise, qu'il soit absolument abandonné & inhumainement proscrit, sans lui accorder au moins des secours passagers. Bien loin de le réduire au plus cruel désespoir, empressons-nous au contraire de l'inviter à venir exposer ses infirmités, à constater l'impossibilité où ses maux & son âge le réduisent d'aller dans sa patrie, réclamer une assistance à laquelle, hors de son sein, il ne lui sera plus permis de prétendre.

Que son empressement à se rendre à cette invitation soit aidé & prévenu dans chaque ville, par des recherches soigneuses & des informations exactes, d'après lesquelles il sera dressé un état fidelle de tous les mendians forains que l'on distribuera en trois classes.

L'une, des mendians infirmes & caducs, étrangers des villes, mais originaires de la province ; la seconde, de ceux qui nés hors de la Normandie, sont originaires François ; la troisième, des étrangers du Royaume.

Dans le Tableau général de ces diverses classes, dressé séparément par chaque ville ou lieu de la province, à côté du nom des mendians on mentionnera leur âge, le genre de maux dont ils sont affligés, d'après le rapport des gens de l'art, leur qualité & ancienne profession, & sur-tout le pays dont ils sont natifs, pour pouvoir les y faire transférer.

Mais avant tout, & d'après les résultats de ce Tableau, il doit être donné avis aux Officiers municipaux des villes d'où les pauvres de la premiere & seconde classe sont originaires, de leur résidence actuelle dans le lieu où ils auront été trouvés, des informations prises à leur sujet, ainsi que du dénûment absolu de tout secours, auquel ils seront exposés par les arrangemens pris dans la province, si dans un délai qu'on déterminera, il n'étoit proposé par ces Officiers aucun moyen pour la *transférance* de ces pauvres, & on leur annoncera qu'après ce terme fatal, faute de réponse, ces pauvres leur seront conduits, ou *transmarchés* au-delà des limites de la province, sur la route de leur pays d'origine.

On pourroit auffi prévenir ces Officiers, que s'ils étoient en état de juftifier par pieces & témoignages authentiques, qu'ils ont reçu & entretiennent actuellement dans leurs hôpitaux quelques pauvres de même efpece, originaires de la province de Normandie, d'où cet avis leur fera donné ; en ce cas on leur offriroit la compenfation pour un nombre égal de pauvres de leur ville, choifis parmi ceux dont on leur enverroit le rôle, auxquels on affureroit par réciprocité les mêmes hofpices, fecours & avantages, & dont on éviteroit ainfi les frais de déplacement.

On convient qu'une pareille compenfation ne pourroit avoir lieu que pour un très-petit nombre des pauvres compris dans les deux premieres claffes. On fe conformeroit donc pour ceux en faveur de qui elle ne pourroit s'effectuer à ce qui feroit propofé en réponfe par les chefs de leurs diverfes municipalités.

Comme le nouvel ordre de police projeté feroit général dans la province de Normandie, que les communications y font faciles & peu coûteufes, fur-tout par les rivieres navigables & d'un port à l'autre, ces *tranfmarchemens* pour les pauvres de la premiere claffe s'exécuteroient promptement avec aifance & économie. Or cette claffe doit naturellement être la plus nombreufe.

Il y auroit plus de difficulté pour les pauvres de la seconde, quoiqu'en moindre nombre, si l'on n'indiquoit en réponse aucun expédient pour les rendre à leur patrie. Et en ce
cas, après ce délai expiré, ils seroient aux
moindres frais possibles conduits à la premiere
ville ou bourg au-delà de la frontiere de la
province sur la route qui conduit à la leur, &
représentés à leur arrivée en ce lieu à un Of-
ficier de police ou au Curé, qui seroit requis
par le conducteur de lui en accorder une
attestation

Les maîtres, patrons, bateliers, charretiers
ou voituriers, moyennant une somme fixée
par le réglement à tant par jour de route, ou
par eau, ou par terre, seroient soumis à s'en
charger en bonne & dûe forme ; ce prix com-
prendroit les frais de nourriture du mendiant,
& on y joindroit une somme suffisante pour sa
subsistance pendant une semaine, qui lui seroit
comptée à son arrivée, au lieu désigné dans
le traité passé avec ses conducteurs. Au départ,
ceux ci recevroient la moitié de la somme con-
venue pour tous ces objets. L'autre moitié leur
seroit comptée au retour, en justifiant par des
attestations régulieres qu'ils auroient satisfait
aux obligations du traité, dont les principales
seroient référées au bas d'un passeport expédié

au mendiant qui en demeureroit nanti, pour pouvoir se plaindre par-tout dans la province, sur la route ou au lieu de son arrivée, de leur inobservation.

Quant aux pauvres infirmes étrangers du Royaume, qui composent la troisième classe, les difficultés paroissent encore plus grandes. Cependant comme il y a dans les principales villes de la province des consuls, agens ou représentans des états maritimes & commerçans, ce seroit à eux que l'on déféreroit les nouvelles dispositions prises relativement à ces mendians. Ces Officiers seroient requis de pourvoir ou faire pourvoir, dans un délai déterminé, à la translation de ces pauvres infirmes ; & on les préviendroit qu'après le délai, faute de réponse, ou d'y avoir été pourvu par qui de droit, on recourroit à l'autorité suprême, pour qu'il fût permis de les embarquer sur le premier vaisseau François faisant route pour les états de leurs Souverains, ou pour ceux qui en sont les plus voisins (20).

---

(20) Le 18 Mars dernier, il a été publié à Copenhague une ordonnance relative aux mendians, regnicoles & étrangers. Sa Majesté Danoise veut que les mendians des deux sexes, originaires de ses Etats, malades ou infirmes, soient conduits dans les lieux où

L'on peut effectivement préfumer que le Gouvernement concourra avec fatisfaction à l'entier accomplissement d'un plan, qui doit opérer un changement si avantageux dans une province des plus importantes du Royaume.

Jufqu'à l'expiration des délais qui auront été accordés, il fera néceffaire de procurer des moyens de fubfiftance aux pauvres de ces trois claffes, & de pourvoir aux frais qu'entraîneroit leur *tranfmarchement*. L'état général ferviroit à

---

ils auront fait précédemment leur réfidence, ou dont ils font natifs, où les magiftrats pourvoiront à leur entretien, & feront avoir de l'ouvrage à ceux qui font en état de travailler.

Les mendians étrangers feront conduits à peu de frais fur les frontieres les plus voifines des lieux où ils ont demeuré précédemment, & les Magiftrats de ces endroits feront requis de les recevoir.

Les mendians valides feront faifis, dès qu'on les furprendra à mendier. Les femmes feront enfermées pendant un an dans une maifon de force, les hommes employés pendant le même tems aux travaux publics. S'ils font furpris une feconde fois, leur châtiment fera le même, mais durera plus long-tems.

Les frais pour tous ces objets feront fournis par les villes marchandes ; les fonds de la capitale & ceux des villes de province, feront chargés de défrayer ces dépenfes dans cette ville & dans les provinces.

Journal politique & de littérat. n. 13, p. 2.

faire d'abord une appréciation de tous ces objets de dépense. Chaque ville ou lieu pourroit
y deftiner, ou le produit d'une cotifation générale, ou d'une quête, ou d'une foufcription
libre & volontaire, ou faire faire les avances
néceffaires aux collecteurs, avec département
ou délégation fur les impofitions municipales
deftinées pour les dépenfes communes, & l'on
préféreroit de ces divers moyens le plus facilement praticable dans le lieu où l'on en déli-
béreroit. Il y a lieu de croire, que pour une
pareille dépenfe déterminée, & qui fera une
fois faite, quel que foit le moyen que l'on
choififfe pour en faire le fonds, il fournira
affez pour y fuffire, fur - tout fi, comme l'on
peut raifonnablement s'en flatter, une partie
de cette dépenfe eft rembourfée par les villes
& lieux, qui auront demandé ou agréé la tranflation de leurs mendians.

De deux chofes l'une, ou les fonds préparés
pour ces objets de dépenfe & les moyens locaux feront excédens, ou ils feront infuffifans.
S'ils font excédens, on en trouvera toujours
un emploi utile & avantageux, pour l'entiere
exécution de l'affurance du projet qui nous
occupe : & ne dût il fervir qu'à *récompenfer* le
zèle *des prépofés* au maintien de la nouvelle
police, ou à procurer une affiftance, ou un

viatique plus abondant aux pauvres qu'on dé-
laifferoit au-delà de la province, pourroit-on
en faire une deftination plus équitable & plus
confolante ?

Si l'on prévoit que les fonds recueillis ou à
répartir, font ou feront infuffifans pour la nourriture du mendiant jufqu'à fon *tranfmarchement*, & pour les frais de la tranflation, il ne
faudra pas héfiter à les deftiner tous à ce dernier objet ; & pour y fuppléer, quant à l'entretien du mendiant jufqu'à l'époque de fa fortie, il faudroit bien fe réfoudre à l'autorifer de
continuer pour ce tems de mendier (21),
pourvu qu'il fe fût fait infcrire dans l'état général, & qu'il eût fourni les inftructions le
concernant. Cette autorifation provifoire entraîneroit moins d'inconvéniens que la licence
actuelle, parce qu'on pourroit la fubordonner à
de fages précautions. On pourroit, par exemple, foumettre ceux à qui elle feroit accordée,
à porter fur leur habit une marque de couleur

----

(21) L'Ordonnance du 17 Juillet 1777, autorife
ainfi les Quinze-Vingts, & les Troniers au moyen des
permiffions néceffaires, à fe tenir affis aux portes des
Eglifes, & recevoir les aumônes qui leur feront don-
nées fans quêter, ni mendier dans les Eglifes & dans
les rues, ni aux portes des maifons. Art. 3.

différente

différente (22), suivant la classe à laquelle ils appartiendroient. Il leur seroit désigné des postes fixes, où ils attendroient les aumônes qui leur seroient accordées par les passans charitables, sans qu'il leur fût permis de vaguer ou de mendier hors de ces postes & de nuit. Avec ces restrictions, on pourroit sans danger leur accorder cette derniere marque de pitié & de condescendance pour un tems, qui ne pourroit être que court.

Mendians valides.

Jusqu'à présent nous nous sommes uniquement confiés aux sentimens de justice & d'humanité, qui doivent animer tout citoyen & toute espece de cité. Nous nous sommes reposés sur la sollicitude que ces sentimens peuvent seuls inspirer aux chefs des diverses administrations municipales, & nous avons vu que leur zèle & les mesures à prendre séparément par chacune d'elles, pouvoient suffire pour

---

(22) Les pauvres mendians qui participoient aux aumônes des paroisses de Paris, portoient pour marque une croix de toile rouge & jaune sur l'épaule, afin d'être connus. Et si on les trouvoit sans cette marque, ils étoient exclus de l'œuvre. Bouchel, *Bibliotheque du Droit François*, au lieu ci-dessus cité.

D

garantir le fuccès des diverfes vues que nous avons propofées , & dont la fimplicité nous a principalement féduits. Que ne devroit-on pas efpérer fi ces mefures étoient concertées , éclairées & fuivies par une adminiftration qui embrafferoit l'univerfalité de la province , & à laquelle toutes les autres correfpondroient. C'eft alors qu'on pourroit avec raifon fe flatter d'un fuccès plus égal & mieux foutenu. Mais fi cette direction & furveillance univerfelle peuvent n'être qu'utiles pour favorifer l'exécution de la nouvelle police , dans les diverfes branches que nous venons d'examiner , leur fecours fera d'une néceffité abfolue pour pourvoir efficacement à ce qui concerne les mendians valides , dont nous allons nous occuper , pour achever l'entiere folution de la queftion propofée.

Tous les peuples femblent s'être accordés à profcrire les mendians valides , parce qu'il n'étoit de l'intérêt d'aucun , qu'en fe livrant à une lâche oifiveté , des citoyens fains & robuftes s'arrogeaffent le droit & le privilege injufte de fe nourrir du fruit du labeur des autres , fans offrir les fruits du leur en échange. Les divers Gouvernemens n'ont différé que dans le choix des moyens employés à prévenir ou réprimer cet abus intolérable dans toute forte d'état (23).

Qu'il nous foit permis de jecer un coup-d'œil rapide fur l'hiftoire de la légiflation des nations, & de la nôtre en particulier, relativement à cet objet intéreffant, & de comparer ces divers moyens avec les effets qu'ils ont produits en divers tems. Nous en tirerons des lumieres qui fixeront nos idées, & nous préferveront du danger de les rendre trop fyftématiques.

Les Egyptiens qu'on pourroit à jufte titre nommer les Légiflateurs de la terre, avoient une loi dont la rigueur exceffive fans doute étoit cependant adoucie, & en quelque forte excufée par la fageffe de leurs inftitutions. Cette loi obligeoit, fous peine de la vie, tout citoyen à déclarer au Gouvernement les moyens dont il fe fervoit pour fubfifter. Mais ceux qui déclaroient n'en avoir aucun, ou dont la profeffion leur laiffoit de longs intervalles de repos, trouvoient dans les travaux de l'état & les vaftes entreprifes du Gouvernement, une voie ou-

---

(23) Platon les redoutoit tellement pour fa République, qu'il employoit le miniftere de trois Officiers différens pour les éloigner d'abord des marchés, enfuite des villes, & enfin du territoire de l'état.

verte en tout tems, pour se procurer de quoi fournir suffisamment à leurs besoins.

Ces fastueuses pyramides, qui semblent braver le ciel & le tems, ces vastes lacs, ces canaux de navigation & d'arrosages que les siecles n'ont pu combler, ces immenses boulevarts opposés aux incursions des peuples voisins, & tant de somptueux édifices dont on admire encore les ruines, sont des monumens respectables, non du despotisme des Princes qui ont régné sur ces contrées, mais de la sollicitude du Gouvernement à employer une infinité de bras, qu'une culture facile & bornée laissoit oisifs une grande partie de l'année, sans que les arts peu cultivés, ni le commerce maritime, absolument inconnu chez ce peuple, pussent l'occuper dans les intervalles des cultures & des récoltes.

La lépre à laquelle il étoit sujet, faisoit du travail un précepte de religion & de santé. Les Prêtres qui avoient la plus grande influence dans le Gouvernement, & dont l'inspection s'étendoit jusqu'au régime diététique du citoyen, conseilloient le mouvement & l'action, comme un préservatif de cette maladie hideuse & cruelle.

La religion, l'humanité & la politique s'étoient donc réunies pour proscrire de l'Egypte l'oisiveté, les besoins & la mendicité (24).

Le premier Législateur d'Athènes, Dracon dans ses loix sanguinaires, imita la rigueur de celle des Egyptiens contre les fainéans. Mais en leur infligeant la peine de mort, il ne prépara ni n'établit aucun moyen de prévenir & d'occuper l'oisiveté *. Sa politique barbare fut aveugle & inconséquente : elle ne corrigea pas l'abus, puisqu'il fallut de nouvelles loix pour le réprimer (25).

Solon abrogea la peine de mort, & notant d'infamie ceux qui demeureroient oisifs, il se contenta d'ordonner la vente de leurs biens. Il dispensa le fils de nourrir son pere, s'il ne lui avoit fait apprendre aucun métier, & chargea l'Aréopage de châtier & flétrir ceux qui n'en exerçoient aucun.

---

(24) Recherches philosophiques sur les Egyptiens & les Chinois, tom. 2.

* Plutarque, Vie de Solon.

(25) Il y avoit eu de tout tems chez les Grecs des mendians valides & vagabonds. Ulysse dans l'Odyssée est pris pour un homme de cette classe par Eurimaque, qui lui adresse ce reproche, dont une ancienne traduction fait mieux sentir l'énergie. « Mais parce que tu » as appris mauvaises œuvres, tu ne veux t'adonner » à aucun ouvrage, ains veux troter pardevers le peu- » ple, afin de dépaître ton ventre insatiable ».

Mais si la République & son nouveau Législateur ne pourvurent pas davantage à assurer & perpétuer l'emploi des talens acquis par l'éducation, la loi ne pouvoit être qu'insuffisante; elle étoit sous un autre point de vue inhumaine & dangereuse, comme toutes celles qui étouffant les sentimens de la nature, veulent faire servir leur dégradation au maintien d'un objet de police.

Il ne faut pas chercher l'oisiveté, & encore moins la mendicité à Lacédémone ni à Rome, dans les tems florissans de ces deux célebres Républiques. Le silence de leur loi & de leur histoire prouve qu'elles n'avoient alors, ni à redouter, ni à réprimer ce fléau politique, & déposé de l'énergie de leur constitution.

Celle de Rome n'avoit laissé au citoyen que le choix de deux professions, l'agriculture & la guerre, mais elles furent toujours en activité; & la terre & le butin suffirent pendant plusieurs siecles à des besoins bornés par la tempérance & la frugalité. Lorsque la population augmentoit, le territoire de Rome aggrandi en proportion, fournissoit toujours & assez de travail, & assez de productions pour occuper & faire subsister ses citoyens. Les colonies offrirent ensuite un autre genre de ressource. « Enfin le peuple Romain, devenu

» souverain de tous les autres ; devoit natu-
» rellement avoir part aux tributs des nations
» vaincues : cela fit que le Sénat lui vendit
» d'abord du bled à bas prix, & ensuite le
» lui donna pour rien » *.

Cette facilité de subsister gratuitement &
sans travail, fut une des causes de corruption
qui préparerent la décadence de Rome, & sur
laquelle les politiques n'ont pas assez réfléchi.
Les progrès en furent rapides, les suffrages du
Plébeïen commencerent à être le prix des lar-
gesses du citoyen ambitieux & puissant, & la
clientelle sagement établie, comme un lien
qui devoit rapprocher & unir les divers états,
dégénéra en une sorte de mendicité, sinon
honorable, du moins décente & légitime ; de
là les brigues, & bientôt les conspirations, qui
firent succéder la Monarchie à l'Etat Répu-
blicain (26).

---

* Causes de la grandeur & de la décadence des
Romains, chap. 17.

(26) Il y avoit à cette époque en Italie, & sur-tout
à Rome, des vagabonds qui empruntoient le nom &
le caractere de Prêtres d'Isis, & qui gueusoient depuis
la seconde heure jusqu'à la huitième, lorsqu'ils reve-
noient fermer le Temple d'Isis. Ils heurtoient aux
portes des maisons avec leurs sistres, & faisoient croire

Les Empereurs craignirent que cet esprit d'avidité licencieuse, qui avoit été l'ame & le mobile de cette étonnante révolution, ne devint funeste à la stabilité de leur puissance. « Ils » firent continuer les distributions gratuites, » quoique contraires aux principes du Gouvernement monarchique ». Ils chercherent à occuper par de vains & magnifiques spectacles l'oisiveté d'un peuple dégénéré ; & par ce double moyen employé habilement pour satisfaire ses besoins & ses goûts, ils l'accoutumerent tellement au joug, qu'oubliant sa liberté per-

---

au vulgaire que c'étoit un énorme sacrilege que de leur refuser l'aumône.

Ecquis ita est audax, ut limi cogat abire,
Jactantem phariâ tinnulâ sistrâ manu. Ovide, *de* Pont. 1.

C'est cette espece de quêteurs qu'Horace désigne sous le nom de *mendici*, au commencement de sa seconde Satyre, & qu'il associe à toutes les diverses especes de Charlatans, auxquels l'ignorance ou la superstition avoient donné crédit ou accès à Rome. Les Empereurs & le Sénat voulurent en vain proscrire les Isiaques, ils ne purent y réussir, parce qu'ils y employerent d'aussi mauvais moyens que pour extirper les Juifs & les Astrologues. Voyez les Recherches sur les Egyptiens, tom. 2, pag. 137, & les Remarques de Dacier & de Sanadon sur ce passage d'Horace.

due, il ne demanda plus que du pain & les
jeux du Cirque : *panem & circenses.*

Ce ne fut que fous Conſtantin, que par la
multiplicité abuſive des affranchiſſemens favo-
riſés par l'eſprit du chriſtianiſme, la mendicité
proprement dite *privée*, devint un état diſtinct
& nombreux (27), elle exigea des établiſſemens nouveaux, inſpirés par le même eſprit.
C'eſt fous fon regne que furent fondés les premiers hôpitaux. Il pourvut à la perpétuité de
ce nouveau genre de fecours offerts à l'indigence infirme ; mais ce n'eſt que fous fes fuc-
ceſſeurs qu'on vit les premieres loix contre les
mendians valides & vagabonds (28). Elles dé-

---

(27) Au tems de Conſtantin le Grand, les villes fe
trouverent chargées d'une infinité d'affranchis, qui n'a-
voient d'autre bien que la liberté, & la plupart ne vou-
loient rien faire; les autres ne favoient point de métier :
de forte que Conſtantin eſt le premier qui fit ordonnance
pour aider aux pauvres mendians, & dès-lors on établit
des hôpitaux pour les petits enfans, pour les vieux,
pour les malades & pour les autres qui ne pouvoient
travailler. Bodin, dans fa Répub. pag. 32. Voyez les
loix du code, au titre *de Epiſc. & Cleric.*

(28) S'ils étoient de condition fervile, le dénon-
ciateur en acquéroit la propriété. S'ils étoient libres,
on les attachoit à la culture des terres. *C. leg. unica
de mendic. valid.* Et Cujas fur cette loi tirée de la conſt.
des Emper. Grat. Valent. & Théod.

fendirent de les aſſiſter ; il fut enſuite établi des
quêteurs , dont la principale fonction étoit de
les pourſuivre , & de les faire punir (29).

Tacite , dans le tableau énergique & fidelle qu'il a tracé des mœurs des Germains ,
n'a pas omis de parler de la ſévérité de leurs
loix contre les fainéans. Confondus avec les
lâches , comme eux réputés infâmes & dé-
voués au même genre de ſupplice , ils étoient
plongés dans un bourbier , & recouverts d'une
claie " pour montrer , ajoute l'Hiſtorien , que
» l'infamie doit être enſevelie dans un oubli
» éternel, au lieu que ceux qui ſont coupables
» d'autres crimes , ſont punis à découvert pour
» ſervir d'exemple ".

Si les loix des Germains étoient ſi ſéveres
contre l'oiſiveté , combien ne l'auroient-elles
pas été contre la mendicité valide & oiſive ?
Mais elle répugnoit trop à leur état & à leur
maniere de vivre pour qu'ils euſſent à la redouter. Les deſcendans de ce peuple, les Francs
fondateurs de notre monarchie , ne purent être
que fort étonnés de la voir établie & tolérée
dans les Gaules, où les loix de l'Empire étoient
ſans vigueur. C'étoit beaucoup pour une lé-
giſlation naiſſante , que de s'attacher à réprimer

---

(29) Voyez la novelle 80 de Juſtinien.

& à réduire les abus de la mendicité. La rigueur des principes du peuple conquérant, qui avoit pu convenir à une nation errante & guerriere, eût effarouché un peuple énervé & sédentaire. On se contenta de (30) défendre aux mendians de vaguer hors de leur pays natal ; on enjoignit à chaque cité de nourrir ses pauvres, & on défendit d'assister ceux qui ne travailleroient pas de leurs mains.

Dans le grand nombre de loix qui ont été successivement rendues pour cet objet, & qui n'ont été pendant plusieurs siecles que l'écho fidelle de ce premier oracle de la législation françoise (31), nous en distinguerons quelques-unes, dont les dispositions sont remarquables, & paroîtroient dignes d'être renouvelées & adoptées.

Telle est l'ordonnance d'Henri II, conforme à divers réglemens du premier Parlement du

---

(30) Voyez la Loi Françoise, rapportée dans la note 6.

(31) Ordonnance de Moulins : « Les pauvres de » chacune ville, bourg ou village seront nourris & » entretenus par ceux des villes, bourgs ou villages » dont ils seront natifs & habitans, sans qu'ils puissent » vaguer ailleurs qu'au lieu duquel ils sont. Contraint » les habitans de contribuer, &c. &c. ».

Royaume (32), qui enjoignit aux Officiers municipaux de la Capitale, *d'y dresser des œuvres publiques* dans trois différens quartiers, & qui ordonna à tous mendians valides *de se retirer auxdits lieux pour y ouvrer & besoigner.* Henri III défendit ensuite aux personnes qui avoient une industrie, de recourir à ces œuvres, & d'abandonner leur métier (33).

Mais ces sages précautions ne furent que pour la Capitale, où les abus de la mendicité étoient plus sensibles, & dont l'administration plus féconde en moyens ne sauroit être comparée à celles des autres villes & des provinces. Celles - ci continuerent d'être régies pour cet

---

(32) Voyez l'Ordonnance du 9 Juillet 1547, & les Arrêts du Parlement de Paris du 22 Avril 1532 & 5 Février 1535. Le premier de ces arrêts désignoit pour œuvres publiques le curage des fossés & égoûts, & les réparations des remparts.

(33) Ordonnances de Charles IX, 1563, art. 12.
De Moulins, 1566, art. 73.
De Charles IX, 1572.
De Henri III, 1576, art. 11.
De Poitiers, 1577, art. 15.
Déclaration du Roi Louis XIV, 28 Janvier 1687, qui prononce la peine des galeres à perpétuité contre les mendians valides non domiciliés.

objet par des réglemens généraux (34), où parmi des difpofitions purement pénales , on en diftingue cependant quelques-unes dictées par l'humanité & par la bienveillance.

Si ces loix n'ont pas été fidellement obfer-vées , c'eft moins un reproche à faire à ceux à qui l'exécution en a été confiée , que l'effet du défaut de moyens préparés pour fuppléer aux reffources de la mendicité ; il faut auffi l'attribuer en grande partie au malheur des tems , où ces réglemens furent publiés.

Sans prétendre nous écarter du refpect dû à leurs motifs & à l'autorité dont ils émanent , permettons-nous de comparer , par exemple , ceux qui furent faits au commencement de ce fiecle , avec la fituation affligeante de l'état à cette funefte époque (35).

---

(34) Défendu aux perfonnes qui font de métier de ne s'appliquer ès blafteliers & œuvres publiques, fi au préalable ils ne font certifiés par le commiffaire de leur quartier & jurés des métiers dont ils font , être fi pauvres & indigens , qu'ils doivent être reçus & em-ployés auxdites œuvres. Ordonnance de Henri III , 1586.

(35) Déclaration du Roi , du 27 Août 1701 & 18 Juillet 1724. Quoique la premiere de ces loix paroiffe par fon titre n'être applicable qu'aux vagabons & gens fans aveu, ce qui eft porté par l'art. 2 femble y com-prendre les mendians, pour lefquels il n'y a aucune exception.

La multiplicité de mendians, qui infeſtoient alors la Capitale & les Provinces, étoient le ſymptôme & l'effet néceſſaire de cette miſere générale, que les fléaux les plus affreux avoient occaſionnée. Des guerres longues & malheureuſes, des impôts nombreux, d'autant plus accablans pour le pauvre, que le riche avoit acheté le droit de s'en affranchir, l'intempérie & la rigueur des ſaiſons, toutes les cauſes phyſiques, politiques & morales accumulées pour la ruine de cette génération, avoient répandu par-tout la déſolation & la famine. Vouloir dans ces triſtes momens réprimer l'effet, ſans remédier à la cauſe, c'étoit vouloir lutter contre la deſtinée même de l'état.

Les tems qui ſuivirent, plus paiſibles en apparence, ne furent pas plus heureux. La crainte de la milice avoit occaſionné une multiplicité de mariages, dont les triſtes fruits, victimes de la faim, des maladies & du déſeſpoir, venoient refluer dans les villes, où la miſere n'étoit pas moindre que dans les campagnes. D'ailleurs la ceſſation des guerres, la réforme des troupes qu'elle occaſionne, ont toujours fait ſuccéder aux ſecouſſes violentes de l'état, un trouble, une agitation interne, dont le ſentiment & l'effet ſe prolongent, & durent encore long-tems après la commotion qui a ébranlé la maſſe.

Tandis que le système de Law tendoit à réparer la fortune publique des débris de celle des citoyens, le commerce souffrit par - tout les plus cruelles atteintes. En vain voulut-on le ranimer par des entreprises forcées & par des établissemens lointains, les colonies envahirent des sommes immenses, & virent périr une infinité d'hommes, qu'il eût été plus simple & moins dispendieux de rendre à nos campagnes dépourvues de bras, & la plupart incultes.

C'est dans ces circonstances affligeantes, que parut une loi des plus détaillées contre les mendians. Plus elle paroissoit réfléchie & bien combinée, plus il étoit dangereux & préjudiciable d'en voir avorter les fruits, au moment même où elle étoit rendue; ce fut cependant ce qui arriva. La rigueur de cette loi fut nécessairement tempérée dans son exécution. Les plaies encore fraîches & saignantes, ne peuvent se cicatriser que par un traitement doux & des remedes calmans. La proscription générale des mendians valides étoit aussi impraticable, que celle des mendians invalides eût été barbare. On désignoit à ceux-ci des asiles dans les hôpitaux généraux des villes; mais la plupart épuisés par l'effet des calamités passées, furent hors d'état de fournir les secours que la loi exigeoit. Quelques foibles avances que les moins obérés firent sur la foi d'un rembour-sement prochain, furent des efforts inutiles pour les pauvres, & une perte réelle, dont les établissemens se ressentent encore.

Les mêmes raisons furent cause qu'on ne put (36) recevoir dans les hôpitaux les mendians valides, que la loi invitoit à s'y enrôler volontairement pour être employés à des travaux publics, & dont les salaires eussent servi en partie à indemnifer de leurs subsistance & entretien. Les hôpitaux ne furent pas mis en état de réalifer le projet, & encore moins de recevoir & garder oisifs les réfractaires condamnés à y être enfermés.

Dès-lors les mendians valides, dans l'affreuse alternative, ou d'une mort cruelle, par l'effet même de leur misere en déférant à la loi, ou d'une servitude ignominieuse, mais avec des secours pour subsister, en lui défobéissant, pouvoient-ils héfiter dans le choix? Ils continuerent de mendier, ou devinrent brigands, parce que n'y ayant que le même châtiment pour l'un ou l'autre de ces deux états, le danger étoit égal pour ces misérables ; & l'on

---

(36) Déclaration du Roi, du 18 Juillet 1721, art. 2.

cessa

teſſa de les pourſuivre & de les punir, moins parce que les chaînes & les lieux de gêne pouvoient manquer, que parce qu'on s'apperçut que le mal auquel on vouloit remédier, empiroit en changeant de nature.

C'eſt ainſi qu'une loi néceſſaire par ſon objet, juſte dans ſes motifs, réguliere dans ſa forme, eſt demeurée abrogée (37), inconvénient plus fâcheux, que ſi elle l'eût été par une révocation expreſſe, inconvénient qu'on a rendu encore plus ſenſible, en renouvelant & en aggravant en 1750 une partie de ces diſpoſitions, qui n'ont été ni mieux ſuivies, ni plus fidellement exécutées, parce qu'on n'avoit pas pris plus de précaution pour en aſſurer l'effet.

Cette fâcheuſe expérience ne démontre-t-elle pas ſuffiſamment, que la rigueur pour un pareil objet pouvant être nuiſible, n'eſt donc pas le véritable, ou du moins l'unique moyen pour aſſurer le ſuccès que l'on deſire. S'il en eſt de plus efficaces, étudions-nous à les rechercher,

____

(37) L'Auteur du Code Pénal, après avoir extrait quelques diſpoſitions de la Déclaration de 1724, ajoute qu'il n'en rapportera pas le ſurplus, parce que les meſures priſes par cette loi ſont reſtées ſans exécution pour la plus grande partie. Dans l'édition de cet ouvrage faite en 1755, il n'eſt fait aucune mention de la Déclaration de 1750; étoit-elle déjà oubliée?

& ofons propofer ceux que le cœur nous fait defirer poffibles dans la province de Norman- die, que nous regrettons de ne pas mieux con- noître, pour pouvoir encore plus profiter des reffources qu'elle préfente.

Mais qu'eft-il befoin de chercher à tracer de nouveaux plans ? Les idées que nous avons déjà préfentées, ne font-elles pas le germe & le ga- rant du fuccès final après lequel nous foupirons, c'eft-à-dire, de la ceffation abfolue de la men- dicité dans cette province, comme dans toutes celles où l'on voudra les approprier aux cir- conftances actuelles & locales ?

La profcription des mendians valides, qu'on a pu regarder comme le grand œuvre en fait de police, n'eft qu'une conféquence néceffaire & infaillible de toutes les mefures que nous avons déjà fuggérées, & s'il en refte de nou- velles à prendre, elles ne pourront avoir pour objet que de prévenir l'expatriation de fujets qu'on peut retenir & employer utilement, auxquels il n'a peut-être manqué qu'une édu- cation, qui les eût rendus propres à employer leurs forces & leurs talens à acquitter la tâche qu'ils doivent à la patrie, & auxquels il fau- dra en faire contracter l'habitude. Or le nom- bre de ceux qui attendront qu'on les y con- traigne par des châtimens, ne pourra être que très-réduit.

En effet , fi conformément à ce que nous avons déjà propofé , il a été pourvu à empêcher l'introduction de nouveaux mendians dans la province ; fi l'on a offert & affuré aux diverfes conditions du peuple, des fecours, des facilités , des avances & du travail pour occuper leur oifiveté , & fournir à leurs befoins ; fi on leur a ménagé des reffources pour les tems de calamité & de fufpenfion de travail ; fi le pauvre orphelin , fi le vieillard caduc, & le mendiant infirme ou mutilé, ont été reçus dans des hôpitaux en état de les foigner & de les nourrir, en les rendant utiles, autant que leur état le permet ; fi la province eft foulagée de l'entretien de ceux qui n'en étoient pas originaires , enfin fi par le réglement provifionnel, en vertu duquel toutes les précautions annoncées d'avance ont été prifes , les mendians valides ont été avertis qu'après un délai déterminé , ceux qui n'auront ni état ni emploi , & qui continueront de mendier , feront foigneufement recherchés & punis. Préfume-t-on qu'il en refte un grand nombre qui s'expofe volontairement à cette pourfuite , & ne doit-on pas au contraire imaginer que , témoins de cette follicitude générale, qui ne leur laiffera aucune excufe pour juftifier leur défobéiffance obftinée, ils ne foient encore plus effrayés par la certi titude & la justice du châtiment, que par la peine elle-même ?

VIII MOYEN.

Défense absolue de faire l'aumône aux Mendians.

La premiere sans doute qu'on doive leur infliger sera la privation absolue de toute aumône, & le réglement définitif doit commencer par en faire une loi de défense à tout citoyen, sous peine d'être noté pour rester à jamais incapable d'administrer aucune œuvre de charité, & déchu du droit d'en partager les secours, ou de les solliciter pour personne. La preuve de la contravention seroit prise sommairement par le Juge de police ; & sa décision seroit communiquée aux administrateurs de ces œuvres pour tenir rigoureusement la main à son exécution ; cependant le réfractaire à l'ordre public seroit toujours admis à expier sa faute par des aumônes, dont l'option lui seroit laissée par le jugement qui les fixeroit, & qui seroient applicables ou aux hôpitaux, ou aux préposés à la recherche des mendians.

Ce moyen simple, puisé dans la nature même de la chose, ne contrarie en rien les égards que

l'humanité réclame , & ne porte aucune at‑
teinte aux préceptes de la charité chrétienne ,
auxquels on croit vainement fatisfaire par de
vagues & minces aumônes, que l'on accorde
fans difcernement aux importunités des men‑
dians; tandis qu'on ne fait par là que violer
le refpect dû aux loix de l'Etat , qui profcri‑
vent une profeffion dangereufe , auffi oppofée
à l'efprit de la religion , qu'aux préceptes d'une
faine politique.

Après avoir fait fentir la légitimité de cet
expédient , faudra‑t‑il encore en démontrer
l'efficacité ? Mais peut-on héfiter à penfer que
s'il eft fidellement fuivi , étayé par tout ce qui
a déjà été prefcrit, il ne fauroit manquer fon effet,
& doit produire la ceffation de la mendicité,
qui fans aucun efpoir de profit , ne préfentera
plus que des dangers ? Car il eft tems enfin de
faire connoître ceux auxquels fera expofé
l'homme fain & robufte , qui perféverera à
demeurer oifif, en s'obftinant à mendier.

IX Moyen.

Enfermer le Mendian valide pour un tems , & le forcer de travailler à des ouvrages publics.

La patrie a des droits fur fon labeur, puifqu'il a ofé s'arroger & ufurper le fruit du travail de fes concitoyens ; elle a des droits fur fa liberté, puifqu'il n'a fu en faire ufage que pour violer les loix les plus falutaires & les plus fages. Il doit donc être condamné & contraint à travailler pour l'utilité commune, & à perdre fa liberté pour un tems.

Ce jufte châtiment feroit encore plus mérité par le citoyen, l'habitant de la province , dont l'intérêt direct & perfonnel étoit le principal objet de ces loix bienfaifantes ; & s'il a pu donner l'exemple de les méprifer & de les enfreindre, il devoir être plus particulierement foumis à leur rigueur.

Mais confentons qu'il ne foit pas diftingué pour la peine, laiffons à fes remords le foin d'en augmenter l'amertume dans fon cœur, & ne cherchons pas à aggraver le fort qu'il partagera avec tous ceux qui auront été, comme lui, furpris & faifis en contravention à la loi ,

& qui auront été déclarés coupables par un
Tribunal compétent & par un jugement ré-
gulier.

Si les condamnations peuvent varier, que
ce ne soit que pour le tems de la durée de la
peine ; & qu'en la proportionnant aux circonstances du délit, on puisse ainsi réprimer l'indécence, l'imposture & l'outrage, avec les-
quels souvent d'audacieux mendians osent
provoquer la charité publique.

X. MOYEN.

*Établissement d'un dépôt pour le Men-
diant valide, condamné aux travaux
publics.*

Nous invitons l'administration provinciale
à recourir à l'autorité suprême, pour qu'il lui
soit permis de préparer & établir un lieu de
dépôt, où tous les condamnés puissent être
traduits, & rester le tems porté par le jugement rendu contre eux, & de les employer
durant ce tems à des travaux d'utilité commune.

Divers motifs doivent engager à ne faire
qu'un seul dépôt dans la province, & à laisser
à son administration le choix du lieu qui y sera
le plus propre. L'économie & la sûreté du dépôt

lui-même , ne fauroient fe concilier avec le projet d'en établir plufieurs , & l'avantage qu'on pourroit tirer de leur nombre & de leur dif-perfion , ne feroit jamais comparable à celui qu'on peut efpérer d'un établiffement qui les réuniroit tous. D'ailleurs l'utilité la plus gé-nérale & la plus preffante , fera difcernée d'une maniere plus impartiale & plus fûre par une adminiftration qui embraffe l'univerfalité de la province , & qui après avoir d'abord établi le dépôt dans le lieu où l'utilité majeure fera démontrée , pourra le tranfporter fucceffive-ment dans d'autres , & le mettre toujours à portée des travaux auxquels elle deftinera les pauvres qui y feront condamnés.

L'ordre & la police intérieure de ce dépôt doivent être les principaux objets du réglement définitif. Le but effentiel que l'on s'y propo-feroit, feroit de faire naître , de ranimer, d'en-tretenir & de fortifier dans ces malheureux le goût & l'habitude du travail (38) ; c'eft pour-quoi il feroit jufte & utile de leur affurer de

____

(38) M. du Perron dans un des Difcours qu'il a lu à l'Académie des Sciences , fur les moyens de faire ceffer la mendicité , & d'occuper utilement les men-dians, defire que leur liberté foit le prix des talens acquis, & de leur conftance au travail.

petits profits, qu'on régleroit proportionnelle-
ment à leur activité & à leurs efforts. La difcipline correctionnelle, en fe bornant même
à réduire ou à retrancher ces profits, n'en feroit que plus fimple & plus efficace (39). Rien
n'empêcheroit cependant qu'on ne les punît,
en leur impofant des tâches plus pénibles ;
mais fans oublier jamais que ce font des hommes, dont la mifere, quoique volontaire &
criminelle, eft toujours digne de pitié. Ainfi
donc il feroit fuperflu de demander pour eux
une nourriture faine, fuffifante pour entretenir leurs forces, & qu'on n'exposât jamais
leur fanté, & encore moins leur vie à des
effais ou des travaux trop périlleux ; ce feroit
faire injure à l'adminiftration qui infpectera
leur régime & leurs befoins, que d'entrer à
cet égard dans de plus longs détails.

Nous ne nous permettrons pas davantage
de devancer fa décifion, & encore moins de
fixer fon choix fur le genre de travaux ou d'en-

---

(39) L'Auteur déjà cité *des vues d'un citoyen*, re-
connoît la néceffité de faire garder ces ouvriers publics par des gens armés. Il voudroit qu'on les obli-
geât de laiffer croître leur barbe pour les reconnoître
plus aifément, & pour leur ôter la facilité de s'é-
chapper, tom. 2, chap. 11.

treprifes qu'elle doit préférer pour l'utilité générale de la province. Cependant pour donner une derniere preuve du zèle qui nous anime
pour fa profpérité , toutefois en fubordonnant
nos vues aux lumieres de l'illuftre & favante
Compagnie à qui ce Mémoire eft deftiné,
nous nous contenterons d'indiquer parmi les
diverfes entreprifes , auxquelles on pourroit
employer les mendians valides du dépôt , celle
de rendre la Sarthe navigable dans la partie
de cette riviere , comprife entre Alençon &
les frontieres de la province.

L'on remarque depuis long-tems que le
commerce de la Généralité d'Alençon eft réduit & languit plus que celui des deux autres
Généralités de la Normandie, on en attribue
la caufe au défaut de moyens de circulation
& de facilités pour l'exportation. Il n'y a en
effet dans cette partie de la province aucune
riviere capable de porter bateau. Or , l'on a
déjà affuré le public (40) , qu'il n'étoit pas im-

____

(40) Voyez dans le Journal de l'Agriculture , du
Commerce & des Finances du mois de Juin 1768 , la
lettre adreffée aux Auteurs de ce Journal , fur la navi-
gation de la Sarthe , pag. 107.
Voyez auffi le Mémoire de MM. de la Lande &
Boudot, Ingénieur-Géographe du Roi , imprimé à

poſſible d'établir une communication par eau, entre les parages de la Bretagne, par les ports de Nantes & de Paimbeuf, par la Loire & la Sarthe, juſqu'aux approches de l'Orne, qui eſt navigable à Caën & les côtes de la Normandie ; ce qui dans les tems de guerre ſeroit d'un ſecours très intéreſſant pour l'état, & en tout tems pour le commerce de la partie de la Normandie qui avoiſine le Maine.

Les Adminiſtrateurs de cette derniere province ont fait & autoriſé divers eſſais & épreuves pour la navigation de la partie de cette riviere, compriſe entre le Mans & le port de Malicorne. Les plans en ont été connus & approuvés par le Gouvernement, & un citoyen zélé & judicieux a développé avec énergie la poſſibilité & la néceſſité de ce projet. Quels éloges ne doit · on pas à ſon patriotiſme, & combien n'en mériteroient pas les efforts combinés de deux riches provinces, qui concourroient à l'extenſion & à l'exécution d'une entrepriſe également honorable & utile pour toutes les deux.

Caën, chez Chalopin, 1750, *Sur les moyens de rendre la riviere d'Orne navigable, depuis ſon embouchure, juſqu'à Caën, & même juſqu'à Argentau.* Il y a eu d'autres Mémoires manuſcrits ſur le même ſujet par M. de la Lande, & ils ſont conſervés à Caën.

Non-feulement on pourroit y employer les mendians valides , mais on trouveroit à y occuper encore une infinité de bras dans les tems de guerre , de difette & de fufpenfion de travail , ou d'interruption de la navigation par d'autres caufes politiques ou naturelles.

XI Moyen.

Avoir toujours une œuvre publique en-treprife , pour empêcher les pauvres valides de béliftrer. Bouchel , Bibl. du Droit Franç.

Mais, foit que ce projet foit adopté , ou qu'on en préfere d'autres d'une utilité plus reconnue, ou d'une exécution plus facile, il fera toujours très - avantageux pour l'entiere profcription de la mendicité , d'avoir toujours une œuvre publique entreprife pour occuper & faire fubfifter la quantité de malheureux , qui dans les tems de calamité , font expofés à tous les dangers de l'oifiveté & de la mifere. Mais que ce ne foit jamais par une contrainte directe qu'on les y amene, qu'elle foit réfer-vée pour ceux qui auront mérité d'être punis. Qu'on laiffe aux autres toute liberté de s'en-rôler pour ces travaux, que les tâches leur en foient même reparties avec difcernement &

de telle maniere, que chacun de ces ouvriers, en travaillant pour la patrie, croie ne travailler que pour soi, & y apporte le même zèle (41).

Les adoucissemens que nous ne cesserons de réclamer en faveur du pauvre, dans quelque situation, à quelqu'extrémité que l'ait réduit l'infortune, sont plus consolans pour lui que les charités même les plus abondantes. Les

---

(41) On peut encore mettre au nombre de ces entreprises utiles & glorieuses pour la Normandie & pour l'Etat, l'établissement d'un port à la Hougue, dont on assure que le Gouvernement s'occupe en ce moment. « Ce projet périt avec l'industrie de M. Colbert à en » trouver les fonds ; on prétend cependant que la dé- » pense de ce port n'excéderoit pas celle de vingt » vaisseaux de ligne. Son entretien seroit moins coû- » teux, & la force de cette position équivaudroit à » celle de vingt vaisseaux de ligne, lorsque les Fran- » çois en auroient soixante-dix en mer ». Encyclop. au mot *la Hougue.*

Un projet, dont l'exécution ne seroit pas moins intéressante, est celui proposé en 1710, par le sieur de Fumechon, d'un canal de Dieppe à Pontoise, par lequel on comptoit joindre les rivieres de Neufchâtel, d'Epte & de Vionne. Il fut de nouveau question de ce projet en 1727, & alors on pensa de conduire ce canal jusqu'à Paris, au-dessus de l'Arsenal. Les Mémoires manuscrits, relatifs à ce projet, sont restés entre les mains de MM. de Riquet de Caraman, qu'on avoit voulu y intéresser.

égards qui lui font dûs ne peuvent être inf-
pirés que par cet efprit de commifération &
de bienveillance, qui feul donne du mérite &
du prix aux actions même les plus généreufes
en apparence, & qui doit toujours animer les
particuliers, & encore plus les corps politiques, dans la diftribution & l'adminiftration
des fecours qu'ils offrent à l'indigence. Sans
vouloir rappeler ici tout ce que la religion com-
mande, ce que l'humanité fuggere, & ce que
la politique confeille à cet égard, fixons-nous
à une confidération importante, bien digne
de nous émouvoir, c'eft que de même que l'o-
pulence que nous envions, ou qui nous rend
fuperbes, n'eft que trop fouvent le fruit du
crime, ou d'une baffe & lâche cupidité ; la
mifere & l'indigence peuvent auffi dans le pauvre qui nous paroît le plus méprifable, n'être
que l'effet du défintéreffement le plus noble &
de la vertu la plus pure. *Virtus etiam in pau-*
pere...... Vetus hæc eft infcriptio Romæ : Nulli
præclufa eft virtus ; omnibus patet, non quærit
domum, non cenfum, fed nudo homine con-
tenta eft.

Lactance, *lib. 6, de verâ* .... *chap. 12.*

F I N.